QUESTIONS RÉPONSES 8/10 ans

Rome
et l'Empire romain

Textes de **Hélène Montardre**

Illustrations de **Vincent Desplanche**

Nathan

SOMMAIRE

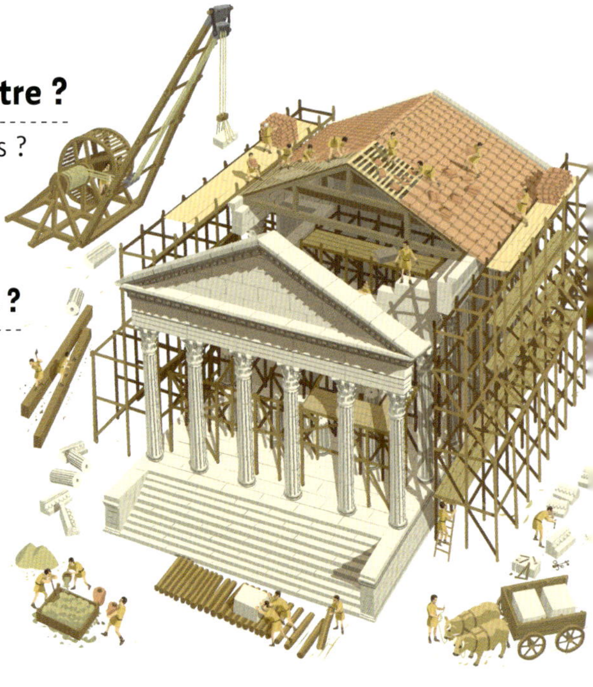

L'Empire romain, c'était quand ?

Pendant l'Antiquité. La civilisation romaine s'étend sur plus de 1 200 ans, depuis la fondation légendaire de Rome, en 753 av. J.-C., jusqu'à la chute de l'Empire romain d'Occident, en 476 apr. J.-C.

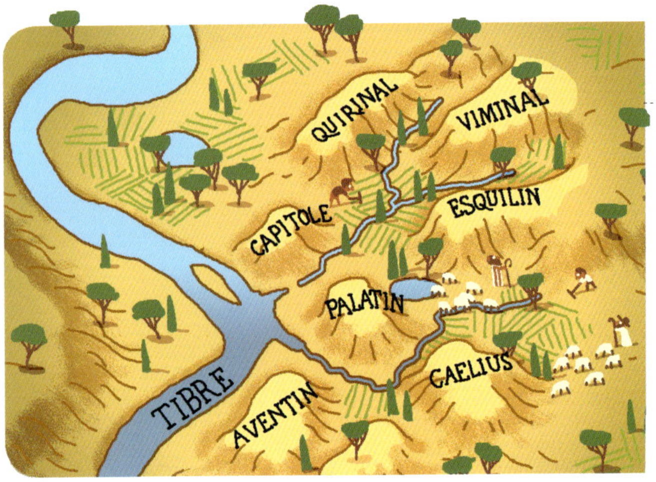

Où est né l'Empire romain ?

Il est né à Rome, une ville bâtie autour de sept collines et traversée par un fleuve appelé le Tibre. C'est l'endroit idéal pour bâtir une ville ! Fortifiées, les collines servent de refuge aux habitants en cas de besoin. Elles ont chacune un nom : le Capitole, le Quirinal, le Palatin, le Viminal, l'Esquilin, l'Aventin et le Caelius.

Comment Rome est-elle née ?

Des peuples de bergers, les Latins et les Sabins entre autres, vivent sur ces collines. Vers 750 av. J.-C., ils se regroupent et fortifient la colline du Capitole. Rome est née… mais elle est encore toute petite ! Un autre peuple, les Étrusques, vit non loin de là. Les Étrusques s'emparent des collines et développent la ville.

INCROYABLE !

La légende raconte que des jumeaux, Remus et Romulus, se sont disputé la fondation de Rome. Romulus l'emporta et donna son nom à la ville.

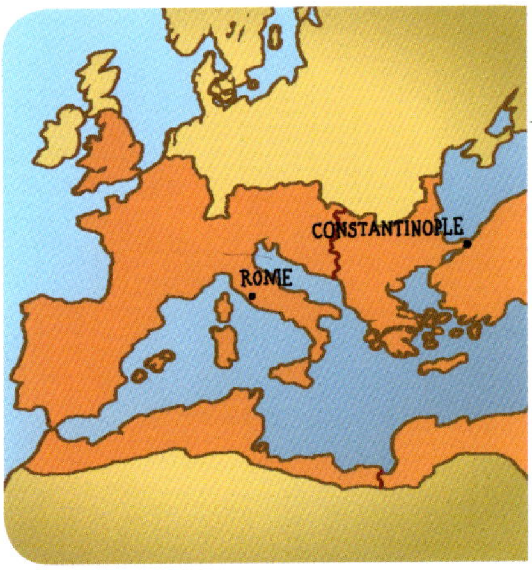

Comment l'Empire romain a-t-il disparu ?

Dès le 3e siècle apr. J.-C., l'Empire romain est si vaste qu'il devient difficile de le contrôler. Les provinces situées aux frontières sont attaquées par leurs voisins. À la fin du 4e siècle, l'Empire est coupé en deux : l'Empire romain d'Occident, où se situe Rome, et l'Empire romain d'Orient, avec la ville de Constantinople comme capitale.

LE SAVAIS-TU ? Remus et Romulus sont les fils du dieu de la Guerre, Mars, et d'une vestale, Rhea Sylvia.

ROME AU FIL DU TEMPS

Durant sa longue histoire, Rome connaît trois régimes politiques différents : la royauté, la république et l'empire.

LA ROYAUTÉ

753-509 av. J.-C.

Les rois latins et les rois sabins

Les rois latins et sabins commencent à organiser la cité et mettent en place les premières lois. **Romulus** est le premier d'entre eux. Un pont est jeté sur le Tibre. Le premier port d'Ostie est aménagé.

Un soldat romain

Les rois étrusques

Les Étrusques conquièrent Rome, qui devient une **ville organisée et puissante.** Leur roi possède tous les pouvoirs : religieux, politique et militaire.
Ils entourent la ville d'une enceinte solide et mettent en place un système d'égouts.
Ils organisent la population en **centuries** (selon la richesse des citoyens) et en **tribus** (selon leur lieu d'habitation).

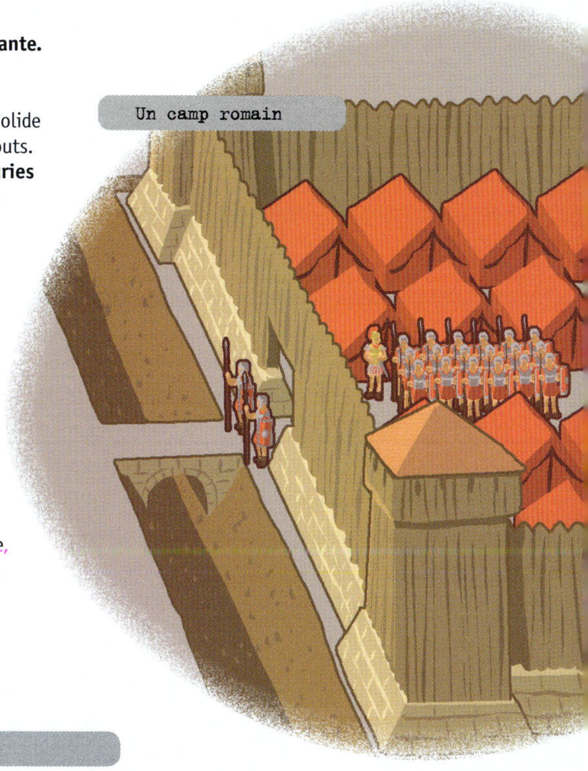

Un camp romain

LA RÉPUBLIQUE

509-27 av. J.-C.

La République

Les Romains chassent les Étrusques et instaurent la **république**. Des **assemblées** élisent les **magistrats** et votent les **lois** qui sont ensuite approuvées par le Sénat.
Rome conquiert la totalité de l'Italie, la Sicile, l'Afrique du Nord, le Moyen-Orient, l'Espagne, la Gaule… Le port d'Ostie se développe.

L'EMPIRE

27 av. J.-C.-476 apr. J.-C.

L'Empire

En 27 av. J.-C., **Octave** reçoit le titre d'**Auguste** et devient le **premier empereur**. Les assemblées et le Sénat existent toujours, mais l'empereur détient la plupart des pouvoirs. La politique de conquêtes se poursuit et l'Empire couvre un **territoire immense**. En 395, il est coupé en deux.

L'Empire romain d'Occident

En 395, l'empereur Théodose partage l'Empire entre ses deux fils. La partie occidentale, ou **Empire romain d'Occident**, revient à Honorius. L'Empire romain d'Occident disparaît à cause des invasions barbares en 476. La partie orientale, ou **Empire romain d'Orient**, revient à Arcadius. L'Empire romain d'Orient survivra encore mille ans sous le nom d'Empire byzantin.

Les invasions barbares

L'Empire romain, c'est quoi ?

Un immense territoire qui s'étend des côtes atlantiques aux rives de la mer Noire et de la mer Rouge, et de la mer du Nord aux côtes africaines. Pendant des siècles, les Romains ont mené une politique de conquête.

INCROYABLE !

Avec son armée et des éléphants pour faire peur à l'ennemi, Hannibal traverse l'Espagne, franchit les Pyrénées, parcourt le sud de la Gaule et passe les Alpes malgré la neige !

Qui les Romains soumettent-ils en premier ?

Leurs plus proches voisins. Après avoir été occupés par les Étrusques, les Romains envahissent et colonisent leur territoire situé au nord de Rome. Ils achèvent cette conquête en 265 av. J.-C. Le sud de l'Italie et la Sicile sont grecs : c'est la « Grande Grèce ». Les Romains conquièrent cette région et les Grecs leur apportent leur mode de pensée et leur culture.

Quel peuple les Romains combattent-ils après avoir conquis la Grande Grèce ?

De l'autre côté de la Méditerranée vit un peuple puissant, les Carthaginois. Ils possèdent des territoires en Sicile et n'apprécient pas l'arrivée des Romains. Trois guerres, les guerres puniques, les opposent à partir de 264 av. J.-C. Lors de la deuxième, Hannibal, commandant en chef de l'armée, arrive aux portes de Rome, mais sans succès. Les Romains détruisent Carthage en 146 av. J.-C., lors de la troisième guerre punique.

Pourquoi toutes ces conquêtes ?

Pour différentes raisons : se défendre contre ses voisins et assurer sa sécurité ; posséder de nouveaux territoires pour profiter de leurs richesses ; répondre à l'appel des peuples qui demandent de l'aide contre leurs ennemis ; et aussi, installer la civilisation romaine tout autour de la Méditerranée.

LE SAVAIS-TU ? « Punique » vient du latin *Poeni* qui désigne les Phéniciens, ancêtres des Carthaginois.

LES RICHESSES DE L'EMPIRE ROMAIN

Vers 200 apr. J.-C., Rome, capitale administrative de l'Empire, contrôle un gigantesque territoire qui lui apporte richesses et prospérité.

❶ Des marchandises diverses arrivent de tout l'Empire. Elles sont souvent transportées par mer et arrivent au port d'Ostie. De là, elles sont acheminées vers Rome.

❷ L'Hispanie (Espagne et Portugal actuels) est l'une des régions les plus prospères de l'Empire. Elle produit des céréales, des métaux, de l'huile… On y trouve aussi de grands élevages de chevaux.

❸ L'Égypte est une province indispensable à Rome qu'elle approvisionne en blé, en vin, en lin, en papyrus, en or…

❹ On compte 4 Gaules ! La Gaule Lyonnaise, la Gaule Aquitaine, la Gaule Belgique et la Narbonnaise. Elles exportent vers Rome des céréales, du vin et toutes sortes de produits alimentaires.

❺ La Bretagne (Grande-Bretagne actuelle) apporte à l'Empire ses mines d'étain, de cuivre, de fer et d'argent.

❻ La zone côtière de l'Afrique du Nord est très fertile ; on y cultive le blé et les oliviers.

❼ Pierres précieuses, perles, épices, soie de chine… transitent par les provinces d'Orient (Mésopotamie, Syrie, Palestine, Arabie).

Qui commande dans l'Empire romain ?

Tout dépend des époques. Durant la République, les comices, ou assemblées populaires, et le Sénat gèrent les affaires publiques. Sous l'Empire, assemblées et Sénat perdent une grande partie de leurs pouvoirs et de leur indépendance au profit de l'empereur.

INCROYABLE !

Sous la République, si un grave danger menace la cité, un dictateur est nommé. Il cumule alors tous les pouvoirs.

Que font les assemblées populaires ?

Elles votent les lois et élisent les magistrats parmi les citoyens ayant accompli leur service militaire.
Le pouvoir des magistrats varie selon leur rang : certains s'occupent des finances de l'État, d'autres de la justice, d'autres de la police de la ville. Les consuls sont les magistrats les plus importants de la République : ils conduisent la guerre.

Quel est le rôle du Sénat ?

C'est le principal organe de gouvernement. Pour être sénateur, il faut d'abord avoir été magistrat, et la plupart des sénateurs appartiennent aux meilleures familles romaines. Le Sénat intervient dans toutes les affaires de l'État. Par exemple, il approuve les lois et s'occupe des relations avec les autres pays.

Que devient le Sénat sous l'Empire ?

Sous l'Empire, les assemblées perdent leurs pouvoirs. On leur demande juste d'acclamer les décisions. Quant au Sénat… c'est l'empereur qui choisit les sénateurs, et ceux-ci lui sont donc complètement soumis. Lui-même est désigné par son prédécesseur ou par ses légions, et il a tous les pouvoirs.

LE SAVAIS-TU ? Le Sénat siège dans un bâtiment appelé « la Curie ». Chaque sénateur a le droit de s'exprimer à chaque séance s'il le désire.

QUELQUES HOMMES POLITIQUES

Les empereurs romains sont souvent des militaires. Ils agrandissent et pacifient l'Empire.

Octave 63 av. J.-C.-14 apr. J.-C.
C'est le petit-neveu de César et son fils adoptif. En 27 av. J.-C., il devient le premier empereur et prend le nom d'Auguste.

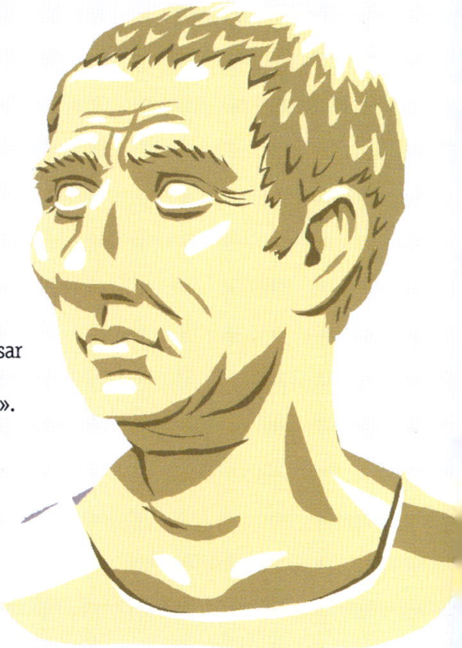

Jules César 101-44 av. J.-C.
Consul, chef militaire, Jules César est le conquérant des Gaules. Il est nommé « dictateur à vie ». Il est assassiné en 44 av. J.-C.

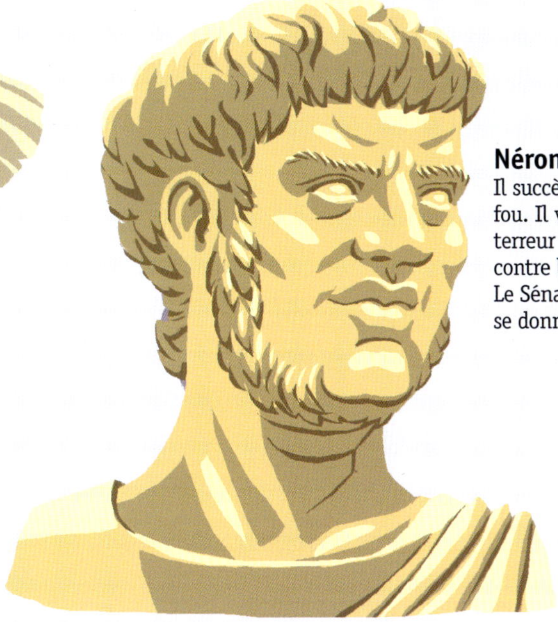

Néron 37-68 apr. J.-C.
Il succède à Claude, son père adoptif. On le dit fou. Il vide le trésor, instaure un régime de terreur et lance les premières persécutions contre les chrétiens, accusés d'avoir incendié Rome. Le Sénat le proclame « ennemi public » et il se donne la mort. Il règne de 54 à 68 apr. J.-C.

Trajan 53-117 apr. J.-C.
Trajan est un conquérant. Il conduit ses légions au bout de l'Empire et assure la sécurité des frontières. Il règne de 98 à 117 apr. J.-C.

Hadrien 76-138 apr. J.-C.
Il succède à Trajan, son père adoptif. Curieux et cultivé, il entreprend de grands voyages pour mieux connaître son empire. Il bâtit de nombreux monuments. Il règne de 117 à 138 apr. J.-C.

Caracalla
188-217 apr. J.-C.
Il promulgue l'édit de Caracalla qui fait de tous les hommes libres de l'Empire des citoyens romains. Il règne de 211 à 217 apr. J.-C.

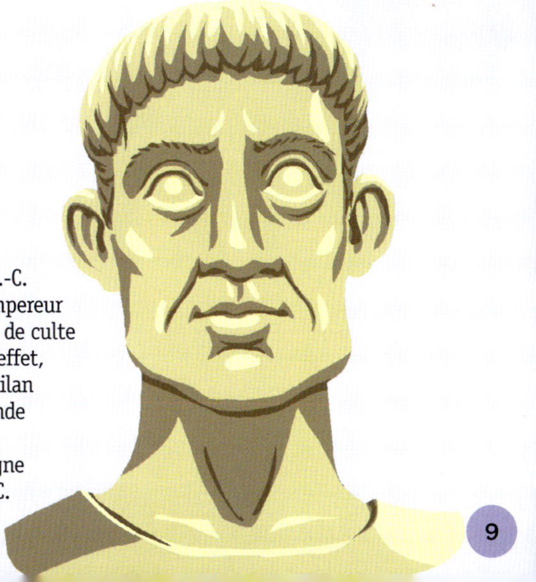

Constantin Ier
285 (env.)-337 apr. J.-C.
Constantin Ier est l'empereur qui accorde la liberté de culte aux chrétiens. À cet effet, il signe la lettre de Milan en 313. En 324, il fonde une nouvelle Rome : Constantinople. Il règne de 306 à 337 apr. J.-C.

Comment Rome a-t-elle conquis le monde ?

Grâce à son armée. Jusqu'au 2e siècle av. J.-C., les légionnaires ne sont recrutés qu'en temps de guerre. À partir du 2e siècle, l'armée devient permanente. Une fois les territoires conquis, l'armée assure la sécurité des frontières.

Comment l'armée est-elle organisée ?

En légions, cohortes, manipules et centuries. La légion comporte dix cohortes, une cavalerie, et des corps spécialisés, comme le personnel d'administration, le service de santé ou la compagnie de musiciens. La cohorte compte trois manipules ; le manipule, deux centuries ; et la centurie environ 80 légionnaires. Soit presque 500 soldats par cohorte et environ 5 000 par légion.

Qui commande ?

L'empereur est le chef de toutes les armées. Chaque légion est commandée par un légat. Les dix cohortes sont dirigées par cinq tribuns, chacun ayant la charge de deux cohortes, et les centuries par des centurions. D'autres officiers sont en charge de différentes tâches, comme l'organisation du camp ou l'artillerie.

INCROYABLE !

L'équipement du légionnaire peut peser jusqu'à 40 kg. Avec lui, il doit parcourir, à pied, une trentaine de kilomètres par jour, et parfois plus.

Qui peut être légionnaire ?

Tous les citoyens romains… sous certaines conditions : avoir plus de 18 ans, mesurer plus de 1,65 m et être suffisamment en bonne santé pour aller se battre. Selon les époques ou les besoins, ces règles ont changé. Par exemple, les hommes mesurant moins de 1,65 m pouvaient être employés à d'autres tâches que le combat.

LE SAVAIS-TU ? La première cohorte de chaque légion compte plus d'hommes que les autres. C'est aussi la plus prestigieuse.

LE LÉGIONNAIRE ET SON ÉQUIPEMENT AU 1ER SIÈCLE APR. J.-C.

En plus de son équipement, le légionnaire doit porter des vivres pour plusieurs jours, des gamelles, des outils et ses affaires personnelles.

Comment l'Empire romain est-il organisé ?

En provinces. Toutes les provinces sont soumises aux lois de Rome et à l'autorité de l'empereur. C'est aussi le cas pour chaque nouveau territoire conquis, qui devient, au bout d'un certain temps, une province romaine dirigée par un gouverneur.

INCROYABLE !

La basilique est un vaste bâtiment qui peut recevoir une foule importante. Son plan et son nom seront adoptés par les chrétiens pour leurs églises.

Les provinces se ressemblent-elles ?

Oui et non. Elles sont différentes les unes des autres, car elles ont une histoire, une géographie et des climats différents. Elles se ressemblent pourtant, car leur organisation administrative, imposée par les Romains, est identique. De plus, leurs villes sont bâties ou aménagées de la même façon, et on y retrouve le même type de monuments.

Comment est fondée une ville romaine ?

Par un fondateur. D'abord, il étudie le vol des oiseaux pour s'assurer que les dieux approuvent l'endroit qu'il a choisi. Puis il trace deux rues qui se croisent à angle droit et partent vers les quatre points cardinaux. Enfin il creuse un sillon qui délimite la future cité. Si le terrain le permet, les rues de la cité sont tracées en damier.

À quoi ressemble le centre-ville ?

Le forum est la grande place centrale où sont édifiés les principaux monuments : le Capitole, la Curie et les basiliques. Un peu plus loin se trouvent les marchés couverts et les thermes.
Les théâtres, les amphithéâtres et les cirques, qui nécessitent de la place ou qui sont construits plus tard, sont souvent éloignés du centre.

LE SAVAIS-TU ? À Rome, c'est la plaine marécageuse située au pied de la colline du Capitole qui a accueilli le premier forum.

SUR LE FORUM,
DANS UNE VILLE DE L'EMPIRE

Le mot forum signifie « place ». C'est le cœur de la cité. Dans tout l'Empire, on retrouve sur le forum le même type de bâtiments.

❶ Le Capitole, dédié à Jupiter, Junon, Minerve, est le temple le plus important du forum et de la cité.

❷ À Rome, la Curie abrite le Sénat. Dans les autres villes, elle abrite les séances des magistrats qui dirigent la cité.

❸ Les basiliques n'ont rien de religieux, ce sont des monuments publics. Des boutiques y sont installées. Les banquiers et les magistrats viennent y régler leurs affaires. Des réunions publiques s'y tiennent.

❹ Des statues des empereurs et des autels dédiés aux dieux ornent le forum.

❺ Le *decumanus maximus* et le *cardo*, les deux premières rues tracées par le fondateur, se croisent au centre du forum.

❻ Le *cardo* est orienté nord-sud.

❼ Le *decumanus* maximus est orienté est-ouest.

❽ Le forum est le centre de la vie publique et commerciale. Il est très fréquenté et parfois embouteillé !

Comment va-t-on d'une province à une autre ?

Grâce aux voies romaines. Ces routes pratiques et bien entretenues permettent de se rendre rapidement et en toute sécurité d'un bout de l'Empire à l'autre. Elles sont utilisées par les voyageurs, les commerçants… et les armées.

INCROYABLE !

Sur les fleuves dont le niveau varie, les Romains installent des ponts de bateaux : des barques mises côte à côte sur lesquelles une chaussée en bois est posée.

À quoi ressemblent les routes ?

Elles sont toutes droites… Autant que possible. S'il faut traverser une montagne, les Romains creusent des tunnels ; et s'il faut franchir des fleuves, ils bâtissent des ponts. Des auberges sont placées à intervalles réguliers. Les voyageurs peuvent s'y restaurer, s'y reposer et même trouver des chevaux frais.

Qu'est-ce qui indique les distances ?

Des milliaires. Ce sont des bornes placées le long de la voie. Elles indiquent, en milles, la distance qui sépare une ville d'une autre. À Rome, sur le forum, le milliaire d'or marque le « kilomètre zéro », point de départ du réseau des routes impériales. La distance à parcourir pour rejoindre les principales villes de l'Empire y est indiquée.

Comment circule-t-on sur les routes ?

À pied, à cheval, en chariot… Les chevaux ou les chars rapides emportent les voyageurs pressés, comme ceux qui délivrent les ordres de l'empereur. Les marchands utilisent des chariots couverts attelés à des chevaux ou des mules. Ils ne vont pas très vite ! Les légionnaires vont à pied, mais la qualité des routes leur permet d'avancer très vite.

LE SAVAIS-TU ? Un mille romain est égal à 1 481,50 mètre, soit presque 1,5 kilomètre.

LA CONSTRUCTION D'UNE ROUTE

1 DÉTERMINER LE TRACÉ DE LA ROUTE

À l'aide de la groma, un appareil qui sert à vérifier les alignements, le géomètre dessine le tracé de la route. Il le délimite ensuite avec des piquets.

2 DÉBLAYER LE TERRAIN

Les ouvriers creusent une tranchée profonde sur toute la largeur de la route. Le but ? Atteindre un sol bien dur pour que la route ne risque pas de s'effondrer.

3 BIEN EMPIERRER

La tranchée est remplie de plusieurs couches de cailloux superposées. D'abord des gros, puis des moyens, et enfin des petits.

4 POSER LE REVÊTEMENT

De grosses dalles plates sont posées sur la dernière couche de cailloux. Elles s'ajustent bien les unes aux autres et forment une chaussée légèrement bombée pour permettre à l'eau de s'écouler.

5 LES FINITIONS

Des pierres verticales, les milliaires, bordent la chaussée de chaque côté. La route est prête ! Les voyageurs peuvent circuler… lentement ou à toute vitesse.

Les Romains sont-ils de grands bâtisseurs ?

Oui. Dans tout l'Empire, les Romains bâtissent des maisons et des immeubles, mais aussi des théâtres, des amphithéâtres, des temples, des aqueducs, des marchés couverts, des ponts, des fortifications, des bâtiments publics et privés…

Quels matériaux les Romains utilisent-ils ?

Du bois, des briques, de la pierre, du marbre. La pierre provient de carrières où elle est d'abord taillée en énormes blocs. Puis ces blocs sont acheminés sur les chantiers. Le marbre est réservé aux plus beaux édifices, comme les temples, et aux statues. Les briques, fabriquées avec de l'argile, sont très largement utilisées.

À quoi ressemblent les temples ?

Plutôt aux temples grecs. Comme eux, ils possèdent une *cella* entourée d'une colonnade. La *cella* est une grande pièce qui abrite la statue du dieu et où seuls les prêtres peuvent entrer. Mais les temples romains sont bâtis sur des terrasses, et on y accède par un escalier aménagé sur la façade. Certains temples ne sont pas rectangulaires, mais ronds.

INCROYABLE !

Certaines colonnes sont construites en briques, puis revêtues de stuc, un enduit qui leur donne l'aspect du marbre !

Comment les Romains amènent-ils l'eau à leurs villes ?

Grâce à des aqueducs, des énormes conduites d'eau. Ces conduites démarrent parfois très loin des villes, là où il y a des sources d'eau. Elles sont installées avec une légère pente de façon à ce que l'eau puisse couler. S'il y a une colline à franchir, la conduite passe dans un tunnel. S'il y a une vallée, elle passe en haut d'un pont.

LE SAVAIS-TU ? Des marques sur les briques indiquent le nom du fabricant et parfois la date de l'édifice.

LE CHANTIER, DE CONSTRUCTION

Un chantier de construction nécessite des machines perfectionnées, de nombreux corps de métiers différents et beaucoup d'ouvriers.

❶ Pour façonner les blocs de pierre, le tailleur utilise différents outils, comme le marteau taillant, la massette, l'équerre, le poinçon ou encore le ciseau droit.

❷ Pour déplacer les blocs de pierre, on les fait glisser sur des rondins de bois.

❸ Des esclaves actionnent la grande roue. Grâce à un système de poulies, les lourds blocs de pierre sont hissés au sommet des murs.

❹ Les cordes sont accrochées sur des tenons taillés sur les côtés des blocs de pierre.

❺ Les ouvriers accèdent au sommet des murs grâce à des échelles et des échafaudages en bois.

❻ Le charpentier équarrit les poutres avec une hache d'équarrissage.

❼ Ces ouvriers préparent le mortier, un mélange de chaux, d'eau et de sable, qui servira à bâtir les murs.

Comment est organisée la société romaine ?

Selon qu'ils sont citoyens ou pas, hommes ou femmes, romains ou étrangers, les habitants de l'Empire ont des droits ou n'en ont pas. Et ils ne mènent pas tous le même genre d'existence.

INCROYABLE !

Certains affranchis occupent des postes très importants : ils gèrent la fortune de leur maître et leur servent de conseillers.

Qui sont les citoyens ?

Ce sont des hommes libres. Les citoyens ont des droits : par exemple, celui de voter, de se marier, de posséder des immeubles. Ils ont aussi des devoirs, comme accomplir leur service militaire. Parmi eux, on distingue les patriciens, les descendants des grandes familles de Rome, et les plébéiens, issus du peuple.

Quels sont les droits des non-citoyens ?

Les esclaves n'ont aucun droit. On les vend, on les achète et on en fait ce qu'on veut ! Le maître peut affranchir son esclave, par testament, ou dans une lettre, ou en faisant une déclaration devant un témoin. L'affranchi n'a pas pour autant les droits d'un homme libre. Les pérégrins, les étrangers, sont, eux, des hommes libres, mais pas des citoyens romains.

Quelle est la place de la femme ?

La femme dépend toujours d'un homme, son père ou son mari. Elle se consacre à sa famille et n'a ni le droit de vote, ni celui d'être élue, ni même celui de faire un testament ! Les femmes du peuple ont souvent une profession : coiffeuse, marchande, sage-femme...

LE SAVAIS-TU ? Les plébéiens peuvent être artisans, commerçants, paysans... autant de professions méprisées par les patriciens.

GRANDIR À ROME

De la naissance à l'âge adulte, la vie du jeune Romain est soumise à des rites.

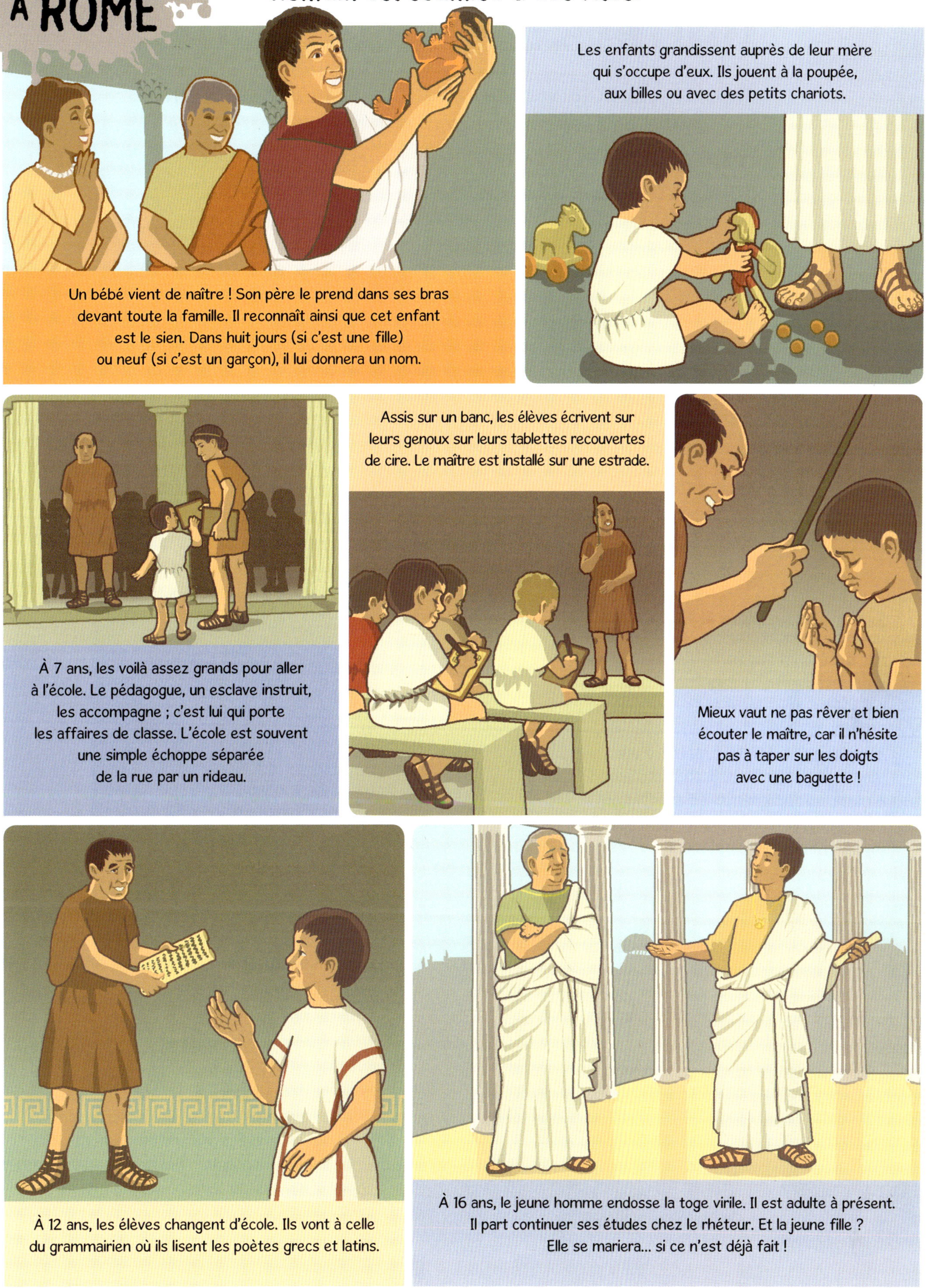

Comment communique-t-on dans l'Empire romain ?

Le latin est la langue officielle de l'Empire. Il donnera naissance aux langues romanes, comme le français, l'italien, l'espagnol ou encore le roumain. Mais le latin n'est pas pour autant la seule langue utilisée dans l'Empire.

Quelle autre langue est très utilisée ?

Le grec. La langue et la culture grecques sont enseignées aux jeunes Romains dès leur plus jeune âge. Les enfants des familles aisées ont souvent des esclaves éduqués d'origine grecque comme précepteurs. Plus tard, ils complètent leur éducation par un séjour en Grèce. Le grec est ainsi la langue des Romains cultivés.

Sur quels supports écrit-on ?

Sur différents supports. La tablette de bois recouverte de cire, peu coûteuse, est idéale pour les élèves. Elle est aussi utilisée pour les documents officiels. Le papyrus, fabriqué à partir d'une plante égyptienne, est cher et réservé à certains documents. Le parchemin, fabriqué à partir de peaux de mouton ou de chèvre, le remplacera.

Connaît-on de nombreux écrits romains ?

Oui ! Les poètes, comme Virgile ou Ovide, les philosophes, comme Cicéron ou Sénèque, les hommes politiques, comme Jules César, ont laissé de nombreux textes. Des inscriptions sont gravées sur les monuments. Et les Romains n'hésitaient pas à couvrir les murs de leurs villes de graffitis !

INCROYABLE !

La langue étrusque a influencé la langue latine, mais aujourd'hui, on ne sait plus la lire !

LE SAVAIS-TU ? De nombreux graffitis romains sont toujours visibles, à Pompéi, par exemple.

DES ROMAINS LETTRÉS

Les femmes sont souvent aussi instruites que leurs maris.

❶ Cette Romaine écrit un poème sur une tablette, une fine planchette recouverte de cire.

❷ Elle utilise un stylet. L'extrémité pointue sert à écrire sur la tablette. L'extrémité plate sert à effacer en lissant la cire. Il est ensuite possible d'écrire de nouveau sur la même tablette.

❸ Plusieurs tablettes peuvent être reliées à l'aide d'une lanière.

❹ Ce Romain lit un discours sur un rouleau de papyrus. Plusieurs feuilles ont été collées ensemble pour l'obtenir.

❺ Si le rouleau de papyrus est long, il est enroulé autour d'un bâton. Le lecteur le déroule de la main droite et le reforme de la gauche. Il fait très attention car le papyrus est fragile.

❻ Le parchemin, fabriqué à partir de peaux d'animaux séchées, est plus solide que le papyrus. Les feuilles peuvent être cousues ensemble et forment alors un codex.

❼ Ces « stylos » en roseau, en osier ou en bronze, permettent d'écrire sur les papyrus et les parchemins.

❽ L'encrier est en terre cuite. Il peut aussi être en verre ou en bronze. L'encre qu'il contient est fabriquée à partir d'eau mélangée à de l'encre de seiche ou de la suie.

Où habitent les Romains ?

En ville, les Romains vivent dans des maisons particulières, plus ou moins grandes, ou dans des immeubles qui comptent jusqu'à sept étages. À la campagne, ils vivent dans des fermes, des grands domaines, ou des villas particulières.

INCROYABLE !

Les habitants des immeubles jettent tout par les fenêtres : les ordures et même le contenu des pots de chambre !

À quoi ressemble un immeuble romain ?

Aux immeubles d'aujourd'hui ! Le rez-de-chaussée est occupé par des boutiques qui ouvrent sur la rue. Les étages, desservis par des escaliers, sont découpés en appartements. Mais ils ne sont pas très confortables : pas d'eau courante, pas de cheminées, pas de toilettes... Les appartements situés dans les étages élevés sont les moins chers.

Les immeubles sont-ils sûrs ?

Ça dépend. Certains immeubles sont solides et luxueux avec leurs balcons qui avancent au-dessus de la rue. D'autres sont dangereux. Leurs fondations sont peu profondes, alors leurs murs se fissurent et ils s'effondrent. La cuisine se fait sur des braseros. Conséquence : les logements sont vite enfumés et le risque d'incendie est grand.

Quel genre de maisons trouve-t-on à la campagne ?

Des villas. À l'origine, la villa est la maison d'habitation du propriétaire. Peu à peu, elle se transforme en un domaine qui comprend une maison d'habitation, des bâtiments agricoles pour préparer le vin ou l'huile, moudre le grain ou abriter les animaux, et des logements pour les esclaves. Ces villas sont entourées de terrains cultivés.

LE SAVAIS-TU ? Le mot latin pour maison est *domus*, qui a donné en français les mots « domicile » et « domestique ».

UNE CONFORTABLE MAISON ROMAINE

La maison romaine s'organise autour d'une cour intérieure, l'*atrium*, centre de la vie de la famille.

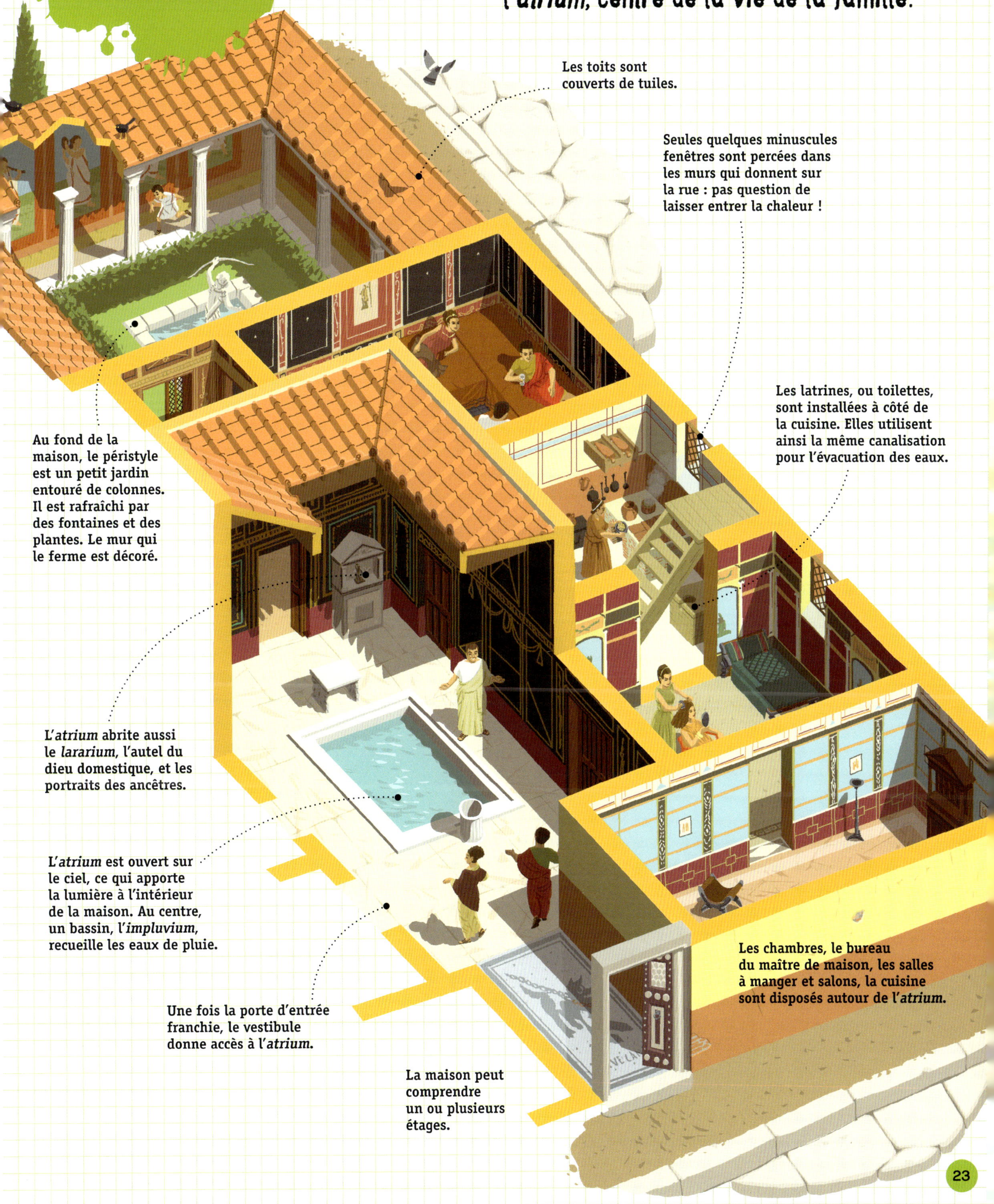

Les toits sont couverts de tuiles.

Seules quelques minuscules fenêtres sont percées dans les murs qui donnent sur la rue : pas question de laisser entrer la chaleur !

Les latrines, ou toilettes, sont installées à côté de la cuisine. Elles utilisent ainsi la même canalisation pour l'évacuation des eaux.

Au fond de la maison, le péristyle est un petit jardin entouré de colonnes. Il est rafraîchi par des fontaines et des plantes. Le mur qui le ferme est décoré.

L'*atrium* abrite aussi le *lararium*, l'autel du dieu domestique, et les portraits des ancêtres.

L'*atrium* est ouvert sur le ciel, ce qui apporte la lumière à l'intérieur de la maison. Au centre, un bassin, l'*impluvium*, recueille les eaux de pluie.

Une fois la porte d'entrée franchie, le vestibule donne accès à l'*atrium*.

La maison peut comprendre un ou plusieurs étages.

Les chambres, le bureau du maître de maison, les salles à manger et salons, la cuisine sont disposés autour de l'*atrium*.

Quels dieux les Romains adorent-ils ?

De nombreux dieux : les leurs, mais aussi des dieux « importés » d'autres pays, comme la Grèce par exemple. Les Romains respectent grandement ces dieux et accomplissent les cérémonies dues à chacun en suivant des rites très anciens.

Le dieu Janus est représenté avec un double visage.

Qui sont les premiers dieux romains ?

Des dieux de la nature. Pour les premiers Romains, bergers et agriculteurs, la nature est pleine de divinités. Ainsi Flora s'occupe des arbres et des fleurs ; Consus se consacre aux semailles ; Faunus protège les troupeaux ; Terminus veille sur la propriété. Quant à Janus, il est le dieu qui ouvre et ferme les portes.

Quels dieux les Romains ont-ils adoptés ?

Des dieux grecs qui se sont peu à peu confondus avec leurs propres dieux. Par exemple, Déméter, la déesse grecque des Moissons, s'est confondue avec Cérès, la déesse romaine de la Prospérité agricole. Les Romains ont aussi adopté des dieux venus d'Égypte, comme Isis, ou d'Orient, comme Cybèle.

Les déesses Isis et Cérès.

INCROYABLE !

Si on oublie d'honorer les mânes, elles reviennent, gémissent et hurlent dans la nuit !

Ont-ils des dieux pour la maison ?

Oui. Les Pénates protègent le foyer de la maison et le garde-manger, garantissant sa subsistance à la famille. Si la famille déménage, elle les emporte !
Les Lares, eux, ne peuvent pas déménager : ils veillent sur le lieu où se trouve la maison. Enfin, il ne faut pas oublier d'honorer les ancêtres, sinon les mânes, les âmes des morts, se manifestent.

LE SAVAIS-TU ? Pour apaiser les mânes, il suffit de leur offrir un peu de blé, des grains de sel et des brins de violettes.

QUELQUES DIEUX ET DÉESSES

Mars est un dieu central pour les Romains : il est le père de Remus et Romulus et le dieu de la Guerre.

Jupiter est le dieu le plus important. Il est le dieu du Ciel et manie la foudre.

Junon est la sœur et l'épouse de Jupiter. Elle veille sur les femmes et le mariage.

Minerve protège le commerce, l'industrie et les artisans. Comme la déesse grecque Athéna, elle est représentée avec une chouette.

Vesta veille sur le feu domestique, utilisé par la famille et la religion. Ses prêtresses sont les vestales.

Mithra, dieu de la Lumière, est d'origine perse. Il est représenté en train de sacrifier un taureau.

Venue d'Orient, **Cybèle** est représentée coiffée d'une couronne en forme de tourelle. Elle symbolise principalement la fertilité et la nature sauvage.

Où les Romains aiment-ils se voir ?

Aux thermes, c'est-à-dire aux bains publics. La plupart des Romains n'ont pas de « salle de bains » ni même l'eau chez eux. Ils doivent donc aller aux thermes, mais ils ne s'y rendent pas uniquement pour se laver.

INCROYABLE !

Les thermes de Rome sont alimentés par des aqueducs qui amènent l'eau depuis des collines situées à plusieurs kilomètres de la ville.

Que fait-on aux thermes ?

En principe, on va d'abord aux thermes pour se laver. Mais les thermes sont un espace vaste, où l'on peut aussi faire du sport, se faire masser, manger un morceau, se détendre et même lire à la bibliothèque.
Et surtout, c'est le lieu où l'on est sûr de croiser ses amis et l'endroit idéal pour se retrouver et discuter.

Comment les thermes sont-ils chauffés ?

Grâce à un ingénieux système appelé « hypocauste ». Les planchers des salles chauffées sont bâtis sur des piles de briques posées sur le sol, afin de ménager un espace entre le sol et le plancher. Un grand feu est allumé dans le foyer. L'air chaud se répand entre les piles de briques, puis monte à l'intérieur des briques creuses avec lesquelles les cloisons sont construites.

Qu'emporte-t-on aux thermes ?

Ses affaires de toilette : une petite bouteille pleine d'huile parfumée et un strigile. On s'enduit le corps d'huile, puis on racle la peau avec le strigile, un outil recourbé. On enlève ainsi la crasse et la transpiration.
On peut aussi utiliser une éponge.

LE SAVAIS-TU ? La plupart des Romains vont aux thermes chaque jour, en général en fin d'après-midi.

UN APRÈS-MIDI AUX THERMES

Milieu de l'après-midi. Comme chaque jour, le jeune Caius se rend aux thermes.

Quelles sont les distractions des Romains ?

Elles sont nombreuses et diversifiées… surtout s'ils vivent en ville ! Les Romains sont très sociables. Ils aiment rencontrer leurs amis aux thermes, dans les tavernes ou sur le forum. Et ils aiment aussi aller au spectacle.

Que va-t-on voir au théâtre ?

Des tragédies, des comédies, des pantomimes, des mimes, des atellanes (un genre de sketch). Les spectateurs s'assoient sur les gradins disposés en demi-cercle. Les acteurs jouent sur la scène, devant un décor. Ce sont des esclaves et des affranchis. Pour un citoyen romain, être acteur est une occupation déshonorante !

Que va-t-on voir au cirque ?

Des courses de chars tirés par des chevaux. Le cirque est un long rectangle avec une extrémité arrondie, une piste et des gradins. Les chars tournent autour de la *spina*, une plateforme située au milieu de la piste. Les attelages se reconnaissent à leur couleur : blanc, vert, bleu ou rouge. L'aurige, ou conducteur, excite les chevaux avec un fouet. Et les spectateurs ? Ils parient sur leur attelage favori !

INCROYABLE !

Le Circus Maximus, à Rome, comptait environ 260 000 places assises. Le stade de France en compte seulement 80 000 !

Que va-t-on voir à l'amphithéâtre ?

Les autres jeux. L'amphithéâtre est de forme elliptique avec des gradins qui accueillent les spectateurs et une arène couverte de sable. On y propose des combats de gladiateurs, bien sûr, mais aussi des chasses, des jeux de bêtes ou encore des naumachies, reconstitutions de batailles navales.

LE SAVAIS-TU ? *Vomitorium* est le mot latin qui désigne un couloir « vomissant » la foule des gradins de l'amphithéâtre vers la sortie.

LES JEUX DU CIRQUE

Les gladiateurs sont des condamnés à mort, des prisonniers de guerre ou des professionnels, esclaves ou hommes libres. Ils sont souvent formés et entraînés dans une école de gladiateurs.

Le secutor est armé d'un glaive court. Sa spécialité ? Poursuivre le rétiaire. Voilà pourquoi son casque est muni d'une crête arrondie : le filet ne peut s'y accrocher.

Le rétiaire attaque son adversaire avec un trident et l'emprisonne avec un filet. Seuls son bras et son épaule gauches sont protégés par une *manica*.

Le samnite est le type de gladiateur le plus ancien. Il doit son nom aux Samnites, peuple vaincu par les Romains. Au début de l'Empire, il prend le nom d'hoplomaque.

Le thrace a un équipement plus léger que celui de son adversaire ; il est du coup beaucoup plus vif et rapide, mais plus vulnérable.

Le mirmillon est lourdement équipé. Il est donc bien à l'abri, mais plus lourd et moins agile que le thrace.

Un « arbitre », vêtu d'une longue tunique et muni d'un long bâton avec lequel il sépare les combattants si nécessaire, s'assure que les règles des combats sont bien respectées.

Que nous a laissé la civilisation romaine ?

Un héritage très riche. Une langue qui a donné naissance à la nôtre, des mythes, des récits, de grands textes. Mais aussi des savoir-faire, en architecture par exemple, des tracés de routes ou des monuments.

INCROYABLE !

À Rome, l'église Sainte-Marie des Anges est installée dans le *tepidarium* des thermes de Dioclétien, les plus vastes de Rome. La voûte est entièrement conservée.

Le latin est-il toujours présent dans notre langue ?

Oui. Le français, langue romane, dérive du latin parlé. De nombreux mots de notre langue ont une racine latine. Par exemple « bon » vient du mot latin *bonus*. Des mots latins entrent dans la composition de mots français. Par exemple *extra*, qui signifie « hors de » ou « en dehors » se retrouve dans « extraordinaire ».

Quels auteurs romains connaissons-nous ?

Ils sont nombreux ! Virgile (70-19 av. J.-C.) a écrit *L'Énéide* qui raconte l'histoire d'Énée, l'ancêtre de Remus et Romulus.
On doit à Ovide (43 av. J.-C.-17 apr.) *Les Métamorphoses* où il reprend des histoires de la mythologie grecque et romaine. Cicéron (106-43 av. J.-C.) est connu pour ses discours politiques qui ont influencé de nombreux penseurs.

Le latin a-t-il été utilisé après la chute de l'Empire ?

Oui. Après la chute de l'Empire romain, le latin classique est devenu la langue du christianisme, des lettrés et des savants. De nombreux textes ont ainsi été écrits en latin durant plusieurs siècles. Le latin vulgaire, ou latin parlé, a été colporté dans tout l'Empire par les soldats et les marchands.

LE SAVAIS-TU ? *Agenda* est un mot latin qui signifiait « ce qui doit être fait ».

L'HÉRITAGE ROMAIN

Théâtres, amphithéâtres, temples, ponts, aqueducs... dans de nombreuses villes autrefois romaines, des bâtiments subsistent. Certains, comme les théâtres, sont toujours utilisés.

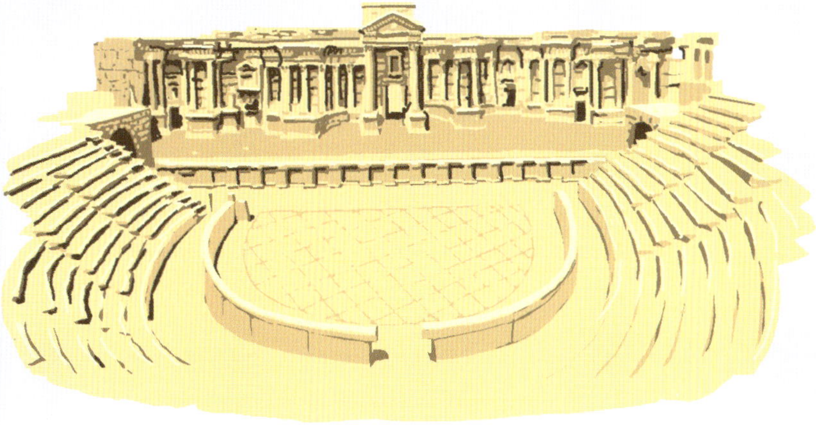

Le théâtre de Palmyre (Syrie) fut construit au 1er siècle apr. J.-C. De petite taille, il possède 12 rangées de gradins.

À Rome, **l'amphithéâtre Flavien, ou Colisée,** fut inauguré par Titus en 80 apr. J.-C. Il pouvait accueillir environ 50 000 spectateurs.

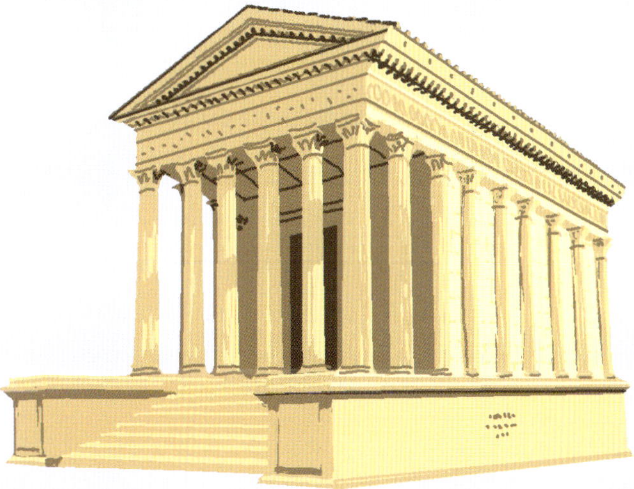

À Nîmes, **la Maison carrée** est un temple romain construit au début du 1er siècle apr. J.-C. C'est l'un des temples romains les mieux conservés au monde.

Les arcs de triomphe, comme **l'arc de Constantin,** à Rome, sont édifiés à l'occasion d'une victoire importante. Les arcs de triomphe modernes s'inspirent de leurs « ancêtres » romains.

Le pont du Gard est une partie de l'aqueduc romain qui alimentait en eau la ville de Nîmes, après un parcours de 50 kilomètres.

Bâtisseurs, les Romains savaient construire une voûte. Grâce à cette technique, ils ont bâti des ponts, des coupoles et de vastes édifices, comme **le Panthéon**, à Rome.

Textes Hélène Montardre
Illustrations Vincent Desplanche

Direction éditoriale Céline Charvet
Responsable d'édition Jean-Christophe Fournier
Édition Jessica Mautref
Direction artistique Lieve Louwagie & Lawrence Honoré
Maquette Maryse Guittet
Relecture typographique Sylvie Porté
Fabrication Lucile Davesnes-Germaine
Photogravure Nord Compo
Loi n° 49-956 du 16 juillet 1949 sur les publications destinées à la jeunesse.

ISBN : 978-2-09-253755-8
N° d'éditeur : 10181114 – Dépôt légal : août 2012
Imprimé en France par Pollina - L61159